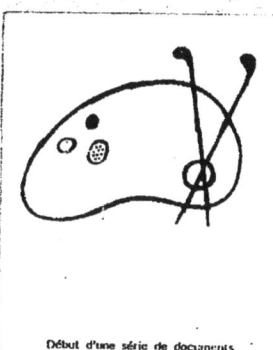
Début d'une série de documents en couleur

Couverture inférieure manquante

ÉTAT

DES

DIOCÈSES DE DIE & DE VALENCE

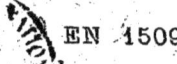

EN 1509

D'APRÈS UN DOCUMENT ORIGINAL INÉDIT

PAR

L'Abbé L. FILLET

Aumônier de la Trinité.

VALENCE
IMPRIMERIE JULES CÉAS ET FILS
M.DCCC.LXXXII

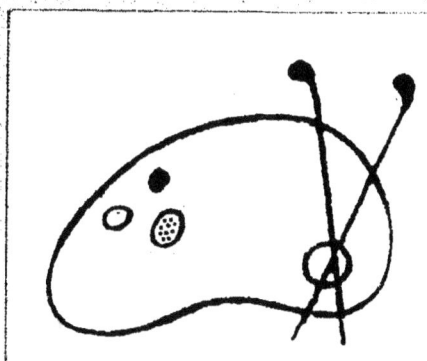

Fin d'une série de documents en couleur

ÉTAT

DES

DIOCÈSES DE DIE & DE VALENCE

EN 1509

D'APRÈS UN DOCUMENT ORIGINAL INÉDIT

PAR

L'Abbé L. FILLET

VALENCE
IMPRIMERIE JULES CÉAS ET FILS

M.DCCC.LXXXII

PART II

ÉTAT

DES DIOCÈSES DE DIE & DE VALENCE EN 1509

D'APRÈS UN DOCUMENT ORIGINAL INÉDIT

Une des principales obligations d'un évêque est de visiter les paroisses de son diocèse. Mais, pour mieux assurer le fruit des visites, il convient de consigner par écrit l'état des personnes et des choses, et surtout les ordres donnés par le prélat.

La plupart des dépôts publics de France, et même quelques dépôts privés, ont conservé des registres de ces procès-verbaux, qui, surtout quand ils remontent à une époque reculée, sont autant de mines précieuses pour l'histoire des diocèses et des paroisses. Du nombre de ces précieux registres sont certainement ceux du diocèse de Grenoble, remontant à l'année 1339, et dont M. l'abbé Chevalier a publié la série la plus ancienne (1).

Les registres de ce genre que les archives de la Drôme conservent des anciens diocèses de Die et de Valence, ne remontent pas à une époque aussi reculée. Le plus ancien, qui ne se rapporte qu'à 1509, est un registre original de forme *agenda* trouvé depuis peu dans une maison particulière de Die, par notre excellent archiviste de la Drôme, qui en a doté le dépôt confié à ses soins et a bien voulu nous le communiquer. Il contient des notes succinctes prises sur place par le secrétaire épiscopal pour les procès-verbaux des visites et ordonnances de Gaspard de Tournon en 1509 dans les diocèses réunis de Die et de Valence.

---

(1) *Visites pastor. et ordinations des évêques de Grenoble de la maison de Chissé (14ᵉ — 15ᵉ siècles)* publiées d'après les registres originaux par l'abbé C.- U.-J. CHEVALIER ; Lyon, Aug. Brun, et Montbéliard, Hoffmann, 1874.

Malheureusement, plusieurs des cahiers de ce registre ont disparu ; car, si nous y trouvons les quatre premiers, c'est-à-dire la plus importante partie, il ne reste des cinquième et sixième, plus épais et ayant fait une partie presque égale, que les trous encore ouverts dans le parchemin qui les reliait les uns avec les autres au moyen de minces cordes de chanvre, et en recouvrait l'ensemble.

Or, comme ce fut par le Diois que le prélat commença sa visite, nous avons dans les cahiers conservés les notes relatives à la presque totalité des prieurés et paroisses du diocèse de Die ; il en manque seulement les quelques paroisses comprenant la partie orientale du Royans, et que le prélat ne visita, sans doute par une raison topographique, qu'avec celles du même Royans dépendantes du diocèse de Valence. Mais, au contraire, nous n'y trouvons qu'une bien faible partie des prieurés et paroisses du diocèse de Valence.

Ajoutons que, longtemps mal tenu, ce registre présente, avec quelques déchirures et rognures, une écriture latine souvent incorrecte et affreusement difficile à lire, à cause de la rapidité furtive de la plume, des abréviations, des signes particuliers, de l'incurie, des ratures, des additions et surcharges ; toutes choses qui montrent dans ce document un brouillon où le secrétaire épiscopal lui-même pouvait facilement se reconnaître, mais ne supposait guère qu'un autre que lui eût jamais à jeter les yeux.

Malgré ces difficultés, qui d'ailleurs disparaissent à peu près complétement devant une étude patiente, il y avait certainement lieu d'exploiter ce registre. Il est le seul document connu de ce genre sur nos diocèses de Die et de Valence pour l'époque antérieure aux guerres du protestantisme ; et l'importance des détails qu'il fournit, surtout pour les établissements religieux transformés ou détruits dans ces guerres, est facile à comprendre.

Mais, sous quelle forme et dans quelles conditions l'exploiter ? Devant le caractère minutieux de certains détails, surtout devant la répétition identique, pour le fond et pour la forme, de plusieurs prescriptions épiscopales en une foule de paroisses, il était presque aussi inutile que fastidieux de le reproduire intégralement. Nous avons pris le parti de donner quelques renseignements, intéressants selon nous, qu'il contient sur la généralité de nos prieurés et paroisses, pour passer ensuite à l'indication spéciale et successive des particularités et détails qu'il fournit sur chaque établissement religieux. Mais, nous avons omis tous ceux de ces détails qui ont un intérêt trop minime. En outre, sauf pour ce qui regarde Saou, nous avons remplacé le latin du texte par une traduction française ; plus d'un lecteur nous saura gré de lui avoir épargné la lecture de termes arbitraires souvent absents des dictionnaires latins et des glossaires, et dont le sens exact ne peut être trouvé que par une étude longue et attentive de l'ensemble du registre.

Voici d'abord ce que nous avons remarqué sur la généralité des églises et paroisses.

Rarement monumentales et quelquefois dépourvues de clocher ou *pinacle*, les églises étaient rarement munies de plusieurs cloches.

Ces églises étaient divisées en deux parties principales : le chœur (avec le sanctuaire) et la nef, séparés par une grille fort élevée et le plus souvent en bois, au milieu de laquelle était une porte s'ouvrant pour les besoins de la communication, mais fermée à clef en dehors du temps des offices, et ordinairement surmontée d'un grand crucifix.

Le sol n'était quelquefois autre que la terre nue ; le plus souvent cependant, surtout au sanctuaire et aux chapelles, il y avait soit un carrelage, soit un plancher.

Les fenêtres, ordinairement garnies de vitres (*vitriæ*), l'étaient cependant quelquefois de toile cirée (*tela cerata*). On trouve aussi, mais rarement, des vitrines ou vitraux (*vitrinæ*).

Devant la porte principale, en dehors et vers le fond de la nef, était le plus souvent un abri, c'est-à-dire un espace couvert, et même environné de murs de plusieurs côtés. Sa destination principale était le baptême des enfants. Mais les fonts baptismaux occupaient un angle au fond intérieur de la nef. Ils étaient à droite ou à gauche, suivant que la nécessité de voir et d'autres circonstances le demandaient. Ils consistaient ordinairement en une cuve de pierre munie d'un bassin en étain ou en cuivre étamé pour tenir l'eau, et surmontée d'un couvercle qui, presque toujours en bois, était fermé à clef et garni à l'extérieur de clous pointus empêchant tout dépôt et tout contact indiscret. A ces fonts était jointe une piscine élevée, ordinairement en pierre, pour l'écoulement de l'eau qui avait servi au baptême, et pour le lavement des mains du prêtre.

Encore dans la nef, dont la construction et l'entretien étaient à la charge des paroissiens, et au fond, existait souvent une tribune, ordinairement occupée par les fidèles pour l'assistance aux offices, mais parfois munie d'un autel et servant de chapelle.

Le chœur, qui dans les grandes églises était ordinairement distinct du sanctuaire, se trouve dans presque toutes les églises paroissiales confondu avec lui sous le nom de presbytère (*presbyterium*); et c'est la double signification qu'aura ce dernier nom dans la suite de ce travail. Au XVI° siècle, on appelait simplement maison curiale le logement ordinaire du curé.

Au milieu du presbytère, dont la construction et l'entretien incombaient aux bénéficiers, était le maître autel, sans tabernacle fixe, et au-dessus duquel pendait la sainte custode.

Celle-ci, devant laquelle brûlait nuit et jour une lampe, consistait en un vase rond en forme de tour. Ce vase était en bois ou en métal, le plus souvent en cuivre et doré à l'intérieur, surmonté d'une croix, fermant à clef et recouvert d'un pavillon ou voile en soie. Un ou plusieurs cercles, le plus souvent en cuivre comme le vase, et toujours dérobés à la vue par le voile, étaient soutenus par de petites chaînes de métal réduites plus haut en une seule, plus grosse, qui s'engrenait sur une petite poulie (*polhiola, talhiola*), fixée à la voûte, ou à l'arc absidaire, ou à toute autre partie du plafond d'où la custode pouvait facilement venir reposer sur l'autel, au gré du prêtre qui voulait y mettre ou en tirer la sainte Eucharistie. Il suffisait pour cela d'élever le bout de la chaîne, après avoir ouvert la serrure ou le cadenas qui attachait ordinairement ce bout de chaîne à un côté de l'autel ou à un meuble solide tout voisin.

L'intérieur du vase était garni, au fond et autour, d'un corporal taillé exprès et à la mesure, et sur lequel reposait la boîte, quelquefois en or, le plus souvent en argent avec dorure à l'intérieur, mais quelquefois aussi en un métal moins précieux, dans laquelle était le Corps sacré du Seigneur (*sacrum Corpus Domini*). La boîte était d'ailleurs couverte d'un corporal supérieur, ferme et taillé en rond, qu'on soulevait facilement au moyen d'un bouton fixé au milieu.

Le vase pour porter la Sainte Communion aux malades était semblable à la custode, sauf une réduction considérable dans les dimensions.

La plupart des églises avaient le vase pour porter le Corps du Seigneur en procession le jour de la fête de ce Corps sacré ; c'était, comme nos ostensoirs d'aujourd'hui, une pièce d'orfèvrerie montée sur un pied et dont le haut, en forme de soleil, avait au centre une lunule à deux faces en cristal, renfermant l'hostie consacrée. Il n'était ordinairement qu'en cuivre, et quelquefois qu'en étain.

Les calices étaient très rarement en or, presque tous étaient en argent, avec coupe dorée à l'intérieur. On en trouve cependant quelques-uns en métal inférieur.

Les vases des saintes huiles étaient de métaux divers, et ordinairement réunis dans une boîte commune en cuivre ou en étain, bien fermée.

Les reliques étaient tenues soit dans des chasses munies de vitres, soit dans des reliquaires de formes diverses, de bras par exemple, soit dans de simples arches ou boîtes carrées en bois, peintes à l'extérieur et parées à l'intérieur d'étoffe de soie ou de lin bien collée aux parois. En tout cas, la clôture de ces meubles avec clef, l'enveloppement des reliques dans des étoffes propres, leur étiquettement quand on savait à quel saint elles appartenaient, leur clôture sous l'autel dans le cas contraire, étaient l'objet de la vigilance et des prescriptions épiscopales.

Chaque église avait sa bannière (*vexillum*), où était peinte l'image du patron et souvent aussi, d'autre part, l'image de la Très Sainte Vierge. Cette bannière était portée aux processions des Rogations.

Comme livres liturgiques, on signale d'abord un *nouveau missel à l'usage du diocèse de Die* ; ensuite le *baptistère* ou livre des baptêmes, auquel étaient souvent jointes la *bénédiction de l'eau* et celle *des épouses*, quelquefois même *l'office des Rameaux* ; le *psautier* ; le *graduel* ou livre contenant les messes notées ; le *légendaire* ; le *responsorial*, devenu plus tard *l'antiphonaire* ; le *livre des offices du Corps de Jésus-Christ, des ténèbres et des fêtes solennelles*, quelquefois joint au *responsorial* ; et le *livre des Évangiles et des Épîtres*. Ils étaient généralement munis d'agrafes ou fermoirs (*firmallia*). Assez souvent en parchemin, ils étaient cependant plus ordinairement en papier.

Quant aux personnes, sauf quelques difficultés à propos de l'exemption de certains bénéfices que nous indiquerons, sauf encore des difficultés sans gravité au sujet de redevances pécuniaires, et un grossier procédé du vicaire de Pontaix dont nous parlerons, nous n'avons trouvé aucun mécontentement du prélat sur la conduite de son personnel. Pas une seule trace de reproche par rapport aux mœurs du clergé. Cependant, s'il y avait eu lieu à répréhension à cet égard, il était de la nature du registre en question et de son caractère intime et secret, de les contenir ; et, d'autre part, les soins extrêmes que le prélat donna à des détails matériels et à la dignité du culte divin, sont une garantie certaine qu'il n'aurait pas manqué de porter remède à l'inconduite des personnes s'il l'avait rencontrée.

Passons maintenant aux détails principaux que nous fournit successivement le registre sur chacun des établissements visités.

Le prélat, parti pour sa tournée pastorale le mardi 11 septembre 1509, visite le lendemain l'église paroissiale et collégiale de St-Sauveur de Crest, où il ordonne : de réparer les vitres qu'il y a sur l'autel et le chœur, et celles de la chapelle de Ste-Anne, située à côté et à gauche du chœur ; d'aplanir le sol de celle-ci, ainsi que la voûte existant sur l'autel de la chapelle de St-Blaise, et le sol de celle-ci ; de faire des vitres à cette dernière ; de réparer et aplanir le sol de ladite église tant aux tombeaux qu'ailleurs, et la toiture aux endroits où c'est nécessaire, de manière que la pluie ne cause pas de dommage ; et de clore d'un mur convenable le cimetière qui est du côté de la place. Antoine Chapus (*Chapusii*), prieur de l'hôpital de St-Jean près et hors des murs de Crest, dit à Jean Renard, professeur d'Ecriture-sainte, et à Christophe de Saillans (*de Salhiente*), vicaire général, commissaires députés pour la visite du prieuré du dit hôpital, qu'il est exempt de la visite et de la procuration de la visite. Les commissaires lui donnent jusqu'à la Noël suivante pour aller à Valence prouver son exemption. Le prieur leur montre un acte signé par feu Antoine Magnan, notaire de Die, dont il donne le lendemain une copie en forme qu'on conserve, et qui plus tard examinée prouve l'exemption. L'évêque visite l'église de Notre-Dame-de-Consolation de la ville même de Crest, et y trouve tout très bien.

13 septembre. En l'église de St-Pierre d'Aouste, située près et hors de ce lieu. Ordre d'envelopper de pièces de soie et d'étiqueter séparément les reliques ; de mettre les vitres qui manquent à l'église, et de réparer les autres ; d'aplanir le sol du cimetière, d'en refaire les murs, et de mettre des trappes à chaque entrée pour empêcher les animaux d'y aller. Louis Taillefer, prieur du prieuré de St-Pierre-et-St-Christophe, de l'ordre de St-Benoit, et Gilles *de Voresio*, commandeur de St-Antoine de Brisans, se disent exempts des visite et procuration, et promettent d'en donner preuve.

13 septembre. Le prélat va au prieuré de St-Géraud de Saillans, pour en visiter l'église. Guy de Vesc, prieur, avec Gabriel *de Vernoux*, sacristain, dit que le prieuré est exempt des visite et procuration, et montre un acte accordé par les prédécesseurs du prélat, et dont copie doit être donnée, pour ensuite être vu et répondu. Cependant le prieur, pour alléger la peine du prélat, consent à la visite, mais en protestant de son droit et contre tout

préjudice à ce droit, et demande acte de sa protestation ; témoins noble Antoine de Vesc, seigneur de Montjoux, noble Charles Brotin (*Brutini*) frère du seigneur de Paris, et noble Pierre Retort, marchand de Valence. Ordre épiscopal de mettre des vitres aux fenêtres de l'église et d'en réparer le toit, intimé à tout le peuple en les personnes d'Antoine Richard autrement *Clavet* et Jean Tournayre autrement *Fres*, syndics de la ville de Saillans, en présence de Messire Guillaume Giraud prêtre, Jean Vodiat, Claude des Granges et Messire Gabriel *de Vernoux*.

14 septembre. En l'église de St-Pierre de Vercheny (*de Veteri Cheneli*), à la pure collation de l'évêque, tenue par Messire Armand Faure de Charens (*Armandus Fabri de Charrinis*), et valant 20 écus. Ordre de mettre une étoffe de soie dans l'arche des reliques pour les envelopper. Permission d'augmenter l'église et de la démolir pour refaire et élever le toit.

14 septembre. En l'église paroissiale de St-Martin de Pontaix, à la présentation de M. de Ste-Croix (*Domini Sancte Crucis*) et à l'institution de l'évêque. Ordre de clore, sous peine d'excommunication, le cimetière non clos malgré l'ordre de ce donné en la précédente visite; de blanchir l'église, d'en aplanir les murs et *ramener* le toit. Le vicaire de Pontaix, inspiré par un mauvais esprit, au mépris du révérend seigneur évêque, a couvert le fauteuil de celui-ci d'une couverture de lit vile et inconvenante quand il pouvait facilement en avoir une autre ; il a, en manquant ainsi gravement, encouru témérairement une peine de droit ; mais l'évêque lui pardonne, à la demande de M. le commandeur de Ste-Croix.

14 septembre. En l'église paroissiale de Ste-Croix de Quint. Tout est bien.

15 septembre. En l'église paroissiale de Ste-Marie de Vassieu, à la présentation des commandeurs de Ste-Croix et à l'institution de l'évêque. Ordre d'envelopper les reliques de soie neuve, d'en peindre l'arche en dehors et d'en garnir l'intérieur d'étoffe de lin collée ; de mettre des vitres neuves à plusieurs endroits, et de réparer l'entrée de la grande porte, de manière que l'eau ne s'y ramasse pas.

16 septembre. En l'église paroissiale de Ste-Marie de la Chapelle de Vercors, à la collation de l'évêque. Ordre de réparer la vitre du presbytère, d'en mettre une à la petite fenêtre hors celui-ci, et deux au pied de la nef où sont les fenêtres ; de faire deux fenêtres autour de l'autel de la tribune, pour que les paroissiens en voient le Corps du Seigneur, si cela se peut, d'après l'ouvrier, sans dommage pour l'église.

17 septembre. En l'église paroissiale de St-Martin de Vercors, à la collation de l'évêque, valant 80 florins. Ordre de clore le vase des reliques et d'en garnir l'intérieur d'étoffe de soie ou de lin collée ; de mettre des vitres où il faut, savoir sur le presbytère, dans les chapelles et la nef ; d'aplanir les murs des chapelles ; de faire une tribune neuve avec des grilles, si cela se peut sans nuire à l'église, pour voir sur le grand autel ; de clore le cimetière en bois. L'évêque fera mettre lui-même des vitres au presbytère.

18 septembre. En l'église paroissiale de St-Julien de Vercors, valant 60 florins. La cure est à la collation de l'évêque. Ordre de réunir les reliques ensemble en une étoffe de soie, et de faire, pour les tenir, une boîte peinte en dedans et en dehors; de mettre une petite vitre neuve près du presbytère ; de faire en grille la plus haute moitié de la porte du chœur, et de la tenir toujours ouverte, en laissant le reste fermé dès la fin du service divin.

19 septembre. En l'église paroissiale de St-Agnan de Vercors, à la collation de l'évêque, tenue par Messire Benoit de Châtillon (*Bened. de Castilhone*), et valant 200 florins. Ordre d'étiqueter et fermer à clef les reliques ; de réparer la grande vitre du presbytère et de renouveler la petite ; d'aplanir l'entrée de l'église ; de mettre des vitres neuves tant au pied de la nef qu'aux autres fenêtres.

19 septembre. En l'église paroissiale de St-André de Chamaloc, valant peu, à la collation de l'évêque, tenue par Mre Guillaume Bergelon. L'évêque fera mettre une vitre au sanctuaire. Ordre de faire une boîte peinte en dedans et en dehors, pour mettre les reliques, qu'on étiquettera de neuf ; de blanchir l'église et d'y

mettre des vitres neuves ; de mettre un crucifix sur la porte du chœur ; de clore le cimetière et d'en ôter les pierres.

20 septembre. Intimation par lettre au prieur de St-Pierre près Die de préparer son église, parce que l'évêque la doit visiter le lendemain. Le prieur dit au prélat qu'il est exempt, et qu'il le prouvera avant le mercredi suivant.

.. septembre. En l'église . . . . Ordre de peindre plus convenablement la chasse des reliques ou de se pourvoir d'une autre, et d'y coller dedans une étoffe de lin ; de réparer l'étiquette de l'os de saint Barthélemy ; de faire un sac de soie avec bourse pour mettre les reliques ; de mettre des vitres au sanctuaire et à la nef ; de finir la tribune ou d'ôter les poutres qui sont dans la nef ; de daller et aplanir l'église.

23 septembre. En l'église paroissiale de St-Romain près Die. Ordre de mettre une vitre neuve au presbytère, et une petite chasse convenable pour tenir les reliques ; d'aplanir les murs de l'église ; d'en paver ou planchéier le fond, comme il avait été ordonné en une précédente visite.

23 septembre. En l'église paroissiale de St-Julien de Châtillon. Ordre de clore le cimetière d'un mur ou de bois ; de mettre des vitres à toute la nef de l'église ; de murer la fenêtre longue qui est sur le grand portail.

24 septembre. En la chapelle de St-Nicolas de Châtillon, ou repose le saint Sacrement aussi bien qu'en l'église paroissiale. Ordre d'en aplanir les murs et renouveler le toit ; de faire deux fenêtres de largeur convenable sur l'entrée, et de les vitrer avec les autres deux ; de réparer les degrés du presbytère ; de relier le baptistère. Messire de Mayres requiert Messire Antoine Châtillon, curé de St-Julien de Châtillon de lui payer 4 florins pour droit de visite et de procuration. Le curé répond que le prieur du dit Châtillon, son maître, ne l'en a pas chargé. De Meyres dit au curé de le dire au prieur, et que cette fois, pour certaines raisons, il n'exige rien.

24 septembre. En l'église paroissiale de St-Jean et St-Jacques de Treschenu et d'Archiane. Ordre de réparer la vitre

qui est sur le grand portail ; de murer les trous des murailles ; de réparer et blanchir le presbytère (sanctuaire), et d'en renouveler la vitre ; de se pourvoir d'un calice d'argent.

24 septembre. En l'église paroissiale de St-Martin de Nonières. Ordre de réparer la vitre qui est, derrière l'autel, ainsi que les degrés du presbytère ; de mettre des vitres neuves aux fenêtres qu'il y a sur ce presbytère et sur le grand portail ; de clore le cimetière en bois et d'y faire des trappes pour que les animaux n'y puissent pas entrer.

25 septembre. En l'église paroissiale de St-Pierre du Monestier de Percy, à la collation de l'évêque et valant 10 florins. Ordre d'étiqueter de nouveau les reliques ; de mettre une petite vitre hors et près du presbytère, et une autre sur le grand portail. L'évêque fera lui-même réparer les trois vitres et le toit du presbytère.

25 septembre. En l'église paroissiale de St-Barthélemy de Percy. Ordre de mettre une vitre neuve où il en manque une dans le presbytère et de réparer l'autre ; de faire une petite châsse convenable fermant à clef pour les reliques, de réparer les fonts baptismaux et d'y mettre la pierre neuve que les paroissiens ont fait faire.

25 septembre. En l'église paroissiale de Ste-Marie de Clelles. Ordre de faire une bannière neuve où soit peinte l'image de sainte Marie, pour porter aux Rogations ; d'étiqueter de nouveau les reliques, de faire une bourse en soie pour les tenir, et de réparer leur boîte par en bas ou de la repeindre ; d'aplanir le sol de l'église, tant aux tombeaux qu'ailleurs ; de mettre des vitres à toutes les fenêtres ; de réparer les degrés d'entrée du chœur.

26 septembre. En l'église paroissiale de Ste-Marie de Chichilianne (*de Chessilana*). Ordre d'aplanir le sol de l'église.

26 septembre. En l'église paroissiale de St-Martin de Clelles. Ordre de faire un petit coffret pour tenir les reliques ; de mettre une vitre neuve au presbytère, comme il avait été déjà prescrit, et par derrière, un fer pour la conserver ; de réparer la voûte du

presbytère avec du mortier ; de réparer la tribune ou de la démolir entièrement ; de recouvrir l'église aux endroits opportuns ; de mettre des vitres sur le grand portail.

27 septembre. En l'église paroissiale de St-Martin de Thoranne, à la collation de l'évêque et de peu de valeur. Ordre de faire réparer cette église aux endroits en ayant le plus besoin.

27 septembre. En l'église paroissiale de St-Michel de Thoranne, du chapitre. Ordre de faire une petite châsse fermant à clef, pour les reliques ; d'aplanir le sol du chœur de terre, à la largeur du premier degré du presbytère, ainsi que le sol de l'église aussi de terre.

27 septembre. En l'église paroissiale de St-Etienne de Roissard (*de Royssanis*). Ordre de faire une petite châsse fermant à clef pour les reliques, d'étiqueter de nouveau celles-ci, et de faire deux vitres à l'église.

28 septembre. En l'église paroissiale de St-Barthélemy de Gresse. Ordre de réparer les ais du sol de l'église aux endroits où cela est opportun.

28 septembre. En l'église paroissiale de St-Andéol. Ordre d'étiqueter les reliques en ayant besoin, et de mettre une vitre neuve sur le grand portail.

29 septembre. En l'église paroissiale de St-Guillaume, du prieur de Sinard, et valant 28 florins. Ordre de repeindre le bras où reposent les reliques et de les y fermer à clef ; de réparer la vitre du presbytère et celui-ci même ; d'aplanir le sol de l'église ; de mettre une vitre sur le grand portail ; de changer la chapelle de St-Antoine et de la mettre contre le mur du côté du vent. Il y a aussi dans cette église une chapelle fondée en l'honneur de Ste-Marie, dont le recteur est Jacques Vincent, et le patron noble François *de Sava* (ou *Sana*). Elle vaut dix sétiers de froment.

29 septembre. En l'église paroissiale de St-Paul en Trièves. Ordre de murer les reliques sous l'autel jusqu'à information de quels saints elles sont ; de faire une bannière avec peinture de la sainte Vierge Marie d'un côté et de saint Paul de l'autre ; de réparer la vitre du sanctuaire, et d'en faire une neuve à la fenêtre

sur le grand portail ; de faire à la piscine de la maison curiale d'où les immondices tombent dans le cimetière, un conduit pour mener celles-là hors du cimetière.

29 septembre. En l'église paroissiale de St-Pierre du Monestier de Clermont. Ordre de faire une châsse plus convenable pour les reliques, et d'étiqueter de nouveau la relique de saint Blaise ; de réparer la grande vitre du presbytère et d'en mettre une petite neuve ; de changer les autels des chapelles qui sont dans la nef, en les mettant contre le mur de la grille du chœur, et changeant la petite porte qui est du côté droit, pour qu'elle ne gêne pas lesdits autels.

30 septembre. En l'église paroissiale de Ste-Marie de Sinard. Ordre de mettre une nouvelle étiquette sur les reliques de saint Georges et de saint Blaise, et de refaire la croix d'argent existant sur le vase des reliques ; de faire une bannière de Ste-Marie ; de clore le cimetière en bois ou en pierre.

30 septembre. En l'église paroissiale de Ste-Lucie d'Avignonet, à presbytère en voûte. Ordre de clore en toile cirée les fenêtres de la nef et de la chapelle qui est sous le sanctuaire, et de mettre aux degrés montant à la tribune, depuis en bas jusqu'en haut, deux poutres permettant de monter plus sûrement.

1er octobre. En l'église paroissiale de Saint-Pierre de Treffort. Ordre d'étiqueter de nouveau les reliques de saint Pierre et de saint Blaise ensemble, d'agrandir et vitrer la fenêtre qui est derrière le grand autel, de mettre une vitre neuve à la grande fenêtre du presbytère, de munir ces deux fenêtres de fil d'airain par derrière, de mettre une vitre neuve au pied de la nef, de munir de toile cirée les fenêtres sur le presbytère, de clore le cimetière en bois ou en pierre, et de mettre des trappes à l'entrée.

1er octobre. En l'église paroissiale de Ste-Marie de Lavars. Ordre de faire une petite châsse convenable, fermant à clef, pour tenir les reliques, et de renouveler la soie qui les enveloppe ; de remplacer l'ardoise qui est à la sacristie par un plancher en bois et de démurer une des fenêtres ; de mettre les fonts baptismaux à un angle de la nef, et de faire tout près une piscine en pierre;

de réparer toutes les vitres de l'église tant au presbytère qu'en la nef et au chœur ; de clore le cimetière en bois ou en pierre.

2 octobre. En l'église paroissiale de la Croix de Cornillon. Ordre d'étiqueter de nouveau les reliques, et d'avoir pour les tenir une arche peinte fermant à clef ; de réparer la vitre du presbytère, et d'en mettre à toutes les fenêtres ; de placer les fonts dans l'angle de la nef à gauche en entrant.

2 octobre. En l'église de St-Jean d'Hérans. Ordre de mettre sur les reliques une étiquette où soit écrit : *des reliques de saint Jean-Baptiste*, et de peindre et fermer à clef l'arche où on les tient ; de réparer toutes les vitres tant au presbytère qu'ailleurs, et de mettre une vitre neuve au pied de la nef sur le grand portail ; de réparer la clôture de pierre du cimetière aux lieux nécessaires.

2 octobre. En l'église paroissiale de St-Sébastien de Morges. Ordre de repeindre et fermer à clef la châsse des reliques ; de faire une bannière pour les processions, et d'y peindre d'un côté la sainte Vierge, de l'autre saint Sébastien ; de réparer la vitre du sanctuaire, et d'en mettre à toutes les fenêtres de l'église, sur le presbytère, dans les chapelles et en la nef ; de débarrasser le dessous de la tribune ; de réparer avec chaux et sable le mur de la grande porte.

3 octobre. En l'église paroissiale de St-Martin de la Croix-de-la-Pigne. Ordre de réparer le missel de parchemin aux feuilles non liées ; de faire des cordes pour sonner les cloches ; de mettre des vitres à toutes les fenêtres, et de réparer l'entrée de l'église. Défense à Jean Payan, prêtre de la paroisse, de célébrer d'autres messes, à cause de son infirmité (*propter imbecillitatem suam*), que *de beatâ Mariâ* et *pro defunctis*, sauf ordre contraire des officiaux de Die.

3 octobre. En l'église paroissiale de St-Nicolas de Pellafol. Ordre de réparer le presbytère de l'église, tant au sol et aux degrés qu'à la voûte, et d'y mettre des vitres neuves. Défense aux paroissiens de payer les dîmes au prieur tant que cette réparation ne sera pas faite.

3 octobre. En l'église paroissiale de Ste-Marie de la Postelle. Ordre d'étiqueter de nouveau les reliques de saint Blaise et de sainte Colombe, de démurer la fenêtre qui est derrière le grand autel, d'y mettre une vitre neuve, ainsi qu'à celle qui est à côté du dit autel.

3 octobre. En l'église paroissiale de St-Martin de Cordéac, du chapitre. Ordre de mettre une vitre neuve au presbytère, derrière le grand autel, et de réparer celle qui est au côté droit du dit presbytère ; de mettre sur les reliques une étiquette portant : *des reliques de saint Martin et de sainte Catherine ;* d'ôter la petite porte de l'église d'où elle est, d'en murer la place, et de la faire où elle était auparavant, près du presbytère. Permission de démolir les piliers supportant la tribune, et de faire, pour soutenir celle-ci, un grand arc avec pierre, chaux et sable.

4 octobre. En l'église paroissiale de Saint-Genis. Ordre de refaire à neuf le presbytère menaçant ruine. Cela ayant été ordonné inutilement dans une précédente visite, les dîmes sont réduites entre les mains de l'évêque, comme elles l'avaient déjà été, pour faire la réparation. Ordre de faire une piscine neuve près des fonts, de mettre ceux-ci en un angle de la nef, de faire des trappes aux entrées.

4 octobre. En l'église paroissiale de Ste-Marie de Mens. Ordre d'étiqueter à neuf les reliques, d'en repeindre l'arche et de la munir de lin collé au dedans ; de réparer la petite croix d'or et de lui mettre un pied ; de mettre une piscine de pierre près des fonts baptismaux.

4 octobre. En l'église de Morges dans le château (*eccl. de Morgüs infra castrum*), au rapport de Pierre Mouton, official de Die, d'après la commission à lui donnée par l'évêque. Ordre de mettre deux vitres au presbytère, d'achever le mur jusqu'au toit du côté gauche en entrant dans l'église, et de le clore avec des planches du côté gauche (*sic*). Rien n'y suppose l'exercice du culte.

5 octobre. En l'église paroissiale de St-Baudile en Trièves,

valant 160 florins. Ordre d'étiqueter à neuf toutes les reliques, de faire une châsse convenable pour les tenir ; de réparer le fondement de l'église (*fundamentum ecclesiæ*) lequel menace ruine, aux endroits où c'est nécessaire ; de réparer le toit de l'église avec des planches et de le renouveler ; de réparer la tribune avec des planches des deux côtés ; de mettre des vitres à toutes les fenêtres des chapelles et de la nef ; de faire une bannière convenable pour les processions avec la sainte-Vierge peinte d'un côté et saint Baudile de l'autre.

5 octobre. En l'église paroissiale de St-Barthélemy de Prébois. Ordre de faire deux fermoirs au missel de parchemin, deux au livre des Répons et deux au Graduel, une étiquette aux reliques des saints Blaise et Laurent, une étiquette neuve à toutes les autres ; d'envelopper le bois de la Croix de soie neuve ; de faire une châsse convenable fermant à clef pour tenir les reliques ; de réparer les vitres du sanctuaire et d'en mettre deux neuves dans les deux chapelles ; d'aplanir le sol de la nef et de le replanchéier aux lieux opportuns ; de clore le cimetière de l'église à l'entour en bois.

5 octobre. En l'église de Ste-Eugénie près Prébois, au rapport de Pierre Mouton, official, d'après la commission de l'évêque. Ordre de couvrir le clocher de l'église, de réparer le mur de ce clocher hors l'église en carré, et de fermer et murer tous les trous jusqu'au toit de cette église.

6 octobre. En l'église paroissiale de St-Bardoux (*Bardulphi*) de Tréminis. Ordre d'étiqueter sur parchemin les reliques connues, et de mettre deux vitres au presbytère.

6 octobre. En l'église paroissiale de St-Maurice en Trièves. Ordre d'étiqueter les reliques des saints Maurice et Blaise ; de réparer les vitres du sanctuaire (l'évêque fera faire ceci) ; de clore en bois le cimetière ; de réparer la voûte existant près du grand portail, avec l'église et le toit aux lieux menaçant ruine.

7 octobre. En l'église paroissiale de St-Etienne de Lus, du prieuré de St-Ruf. Ordre de mettre une étiquette générale sur les reliques qu'on pourra connaître, et de faire une petite châsse

convenable fermant à clef pour les tenir ; de faire des vitres à toutes les fenêtres de l'église, d'en aplanir et blanchir les murs, d'en planchéier le sol où il ne l'est pas.

7 octobre. En l'église paroissiale de St-Pierre-et-St-Paul (apôtres) du lieu de Glandage. Ordre de réparer le vase vitré contenant les reliques, d'étiqueter celles-ci à neuf, de réparer la vitre du presbytère, d'en mettre de neuves à toutes les fenêtres des chapelles et de la nef.

8 octobre. En l'église de Ste-Marie de Bonneval. Ordre de réparer et fermer à clef la châsse des reliques et d'étiqueter celles-ci à neuf; de faire deux vitres aux fenêtres du presbytère ; d'enlever la grille actuellement proche du dit presbytère et d'en faire une neuve avec de longues poutres, comme ont demandé les paroissiens; de faire pour les processions une bannière neuve où soit peinte la sainte Vierge Marie.

8 octobre. En l'église paroissiale de St-Martin de Boulc. Ordre de faire pour les processions une bannière où soit peint saint Martin; de mettre des vitres neuves aux fenêtres du presbytère et à celle qui est tout près, et de faire en la nef une grande fenêtre ou une grande porte. Permission à noble Pierre, conseigneur de Bonneval de faire célébrer à un sien autel érigé. Pour le sceau des lettres, 1 écu.

9 octobre. En l'église baptismale de St-Blaise de Ravel. Ordre de faire une bannière représentant saint Blaise, pour les processions ; de mettre une vitre au presbytère ; de faire un plancher neuf à l'église, une porte en bois neuve au grand portail, et un clocher.

9 octobre. Le prélat ne pouvant aller visiter l'église paroissiale de St-Marcel de Creyers, à cause des difficultés de temps et de chemin, mande au curé de ce lieu ou à son vicaire de venir devant lui. Ce vicaire, Barthélemy Maillefaud, va à Ravel, où, interrogé par Christophe de Saillans, prévôt de Valence, commis par le prélat, il affirme avec serment sur les Evangiles ce qui suit : l'église paroissiale a environ 60 paroissiens ; le presbytère est mal couvert ; l'église a 2 fenêtres sans vitres, 2 images vieilles

et mal peintes, dont l'une de Notre-Dame, l'autre de saint Marcel ; le clocher menace ruine en un endroit. Ordre d'aplanir et blanchir les murs avec le presbytère.

9 octobre. En l'église paroissiale de St-Martin de Menglon. Ordre d'étiqueter et enchâsser à neuf les reliques ; de carreler et aplanir l'église, d'en réparer les degrés d'entrée, d'en blanchir et carreler le presbytère ; de blanchir et approprier la courtine existant sur l'autel; de blanchir les murs de l'église et d'en boucher les trous ; de démurer et vitrer la fenêtre sur le grand portail; de réparer et rétrécir les trous du plancher de l'église par où on tire les cordes des cloches : de vitrer à neuf la fenêtre de la chapelle fondée en l'honneur de saint Jean, et de faire des vêtements neufs convenables pour le service de celle-ci, savoir une chasuble blanche, un missel imprimé à l'usage de Die, et autres choses nécessaires, sous peine de réduction de tous les fruits de la chapelle en les mains du prélat. Permis à honorable Louis Pradier, paroissien de l'église, de construire une chapelle en l'honneur de sainte Anne, en son fonds appelé *la coste* situé près du village de Menglon (*prope villam de Menglone*), d'y ériger un autel et faire célébrer, toutefois sans préjudice du droit de l'église paroissiale et pas les dimanches. Pour sceau, 1 écu.

10 octobre. En l'église paroissiale de Ste-Marie de Luzerand. Ordre de vitrer les fenêtres du presbytère, d'en aplanir le sol ; de transférer les fonts baptismaux à l'angle de la nef près de la grande porte, à gauche en entrant ; d'aplanir le sol de toute l'église de terre ; de vitrer la fenêtre sur le grand portail et une autre hors et près le presbytère.

10 octobre. En l'église paroissiale de Ste-Marie de Luc. Ordre d'étiqueter et enchâsser à neuf les reliques ; d'enlever les vaisseaux ou muids qui sont sous le presbytère, de nettoyer et bien tenir l'endroit, d'en démurer la porte murée, vu qu'il a été autrefois dédié au culte divin ; de réparer le presbytère menaçant ruine, réparation pour laquelle le prieur donnera la 3e partie des fruits du prieuré jusqu'à ce qu'elle soit achevée, et ce sous peine de réduction de tous les fruits du dit prieuré entre

les mains du prélat ; de réparer le clocher de l'église lequel menace ruine, puis de le renouveler peu à peu ; de faire désormais le service des chapelles fondées suivant les volontés des fondateurs, sous peine de réduction des fruits ; de munir de serrures et clefs les portes de l'église, et de les tenir fermées, l'office fini.

11 octobre. En l'église paroissiale de St-Laurent de Miscon, valant 20 florins. Ordre de mettre sur la porte de la grille le crucifix qui est à côté du grand autel ; d'étiqueter à neuf les reliques et de les mettre dans un vase antique où on tenait le St-Chrême, et qu'on peindra et munira d'une petite serrure ; de boucher les trous du mur du grand portail ; de vitrer à neuf les fenêtres sur ce portail ; de réparer les degrés des portes.

11 octobre. En l'église paroissiale de St-Claude de Lesches. Ordre de faire une image de saint Claude, patron de l'église, et une petite châsse fermant à clef pour les reliques de saint Blaise, qu'on étiquetera ; de vitrer à neuf la fenêtre du presbytère et celle de la nef; de réparer le degré en bois du grand autel ; de blanchir et aplanir les murs de l'église ; de faire un clocher en pierre.

11 octobre. En l'église de St-Martin située au milieu du cimetière du dit Lesches. Ordre de réparer cette église aux endroits ruineux, et le presbytère où c'est nécessaire, aux frais de ceux *que concerne respectivement.*

11 octobre. En l'église de St-Pierre de Beaurières. Ordre de réparer le presbytère où est de besoin, la vitre, et la nef aux endroits ruineux.

12 octobre. En l'église paroissiale de Ste-Marie de Fourcinet (*de Forcineto*). Ordre de faire une châsse neuve peinte fermant à clef, pour les reliques ; de réparer le presbytère et d'en vitrer les fenêtres aux frais de qui cela regarde ; de faire une bannière neuve représentant la sainte Vierge, un crucifix qu'on mettra au milieu de l'église, et une image de la Vierge Marie, vu qu'elle est patronne de l'église ; de réparer la châsse où le Corps du Christ est enfermé comme en prison le Jeudi-Saint, et de la peindre convenablement, parce que les reliques

y sont enfermées habituellement ; de réparer les degrés du grand autel, l'entrée de l'église ; cette église même aux endroits ruineux et principalement au grand portail.

12 octobre. En l'église paroissiale de St-Claude du Pilhon (*de Opillone*). Ordre de réparer la vitre du presbytère, de vitrer la fenêtre de la nef, et d'aplanir les murailles aux lieux opportuns.

12 octobre. En l'église de St-Jean-Baptiste du Pilhon, qui fut jadis église paroissiale du dit lieu (*que alias ecclesia parrochialis dicti loci fuit*). Ordre de réparer le presbytère aux lieux opportuns, aux dépens de qui cela regarde, et d'achever l'église le plus tôt possible.

13 octobre. En l'église paroissiale de Ste-Anne du lieu de Beaumont, valant 20 florins. Ordre d'aplanir et blanchir les murs de l'église et du presbytère ; de faire une piscine en pierre et haute, pour le lavement des mains, près des fonts baptismaux qu'on mettra dans l'angle de la nef, à gauche en entrant, où on fera une petite fenêtre ; de vitrer à neuf toutes les fenêtres. On ne demande pas au prieur le droit de procuration ; on le demandera un jour dans le prieuré de St-Marcel.

13 octobre. En l'église paroissiale de St-Jacques de Charens. Ordre d'étiqueter les reliques de saint Blaise, de peindre et fermer à clef la châsse des reliques, de réparer la vitre du presbytère, de faire un petit toit ou couvert devant le grand portail de l'église pour baptiser les enfants, et de vitrer la fenêtre du grand portail.

14 octobre. En l'église paroissiale de St-Dizier (*S. Desiderii*). Ordre de garnir d'étoffe de lin l'intérieur de la châsse de saint Dizier ; de faire au presbytère, vers la bise, une fenêtre semblable à celle existant déjà et dont on réparera la vitre ; de murer les ossements qui sont sous l'autel ; de vitrer toutes les fenêtres de l'église ; de blanchir celle-ci et le presbytère. On demande au curé, pour droit de la dernière visite, 4 florins jusqu'à concurrence desquels on lui avait donné les dîmes à lever, et dont il fera foi au synode.

14 octobre. En l'église paroissiale de St-Pierre de Bellegarde. Ordre de faire une petite châsse peinte fermant à clef, pour les reliques, d'envelopper celles-ci de soie et de les étiqueter sur parchemin ; de vitrer à neuf la fenêtre qui est derrière le grand autel ; de repeindre l'image du Crucifix ; de faire pour les processions une bannière neuve représentant saint Pierre ; de clore le cimetière en bois.

15 octobre. En l'église paroissiale de St-Jean d'Establet. Ordre de vitrer les fenêtres du presbytère et de la nef, et d'aplanir le sol de l'église de terre.

15 octobre. En l'église paroissiale de Ste-Marie-Madeleine de Rottier. Ordre de blanchir le presbytère, à l'instar de l'église.

15 octobre. En l'église paroissiale de la Motte-Chalancon. Ordre de murer les trous des murs du presbytère et de la nef ; d'étiqueter à neuf toutes les reliques qui en ont besoin, d'en réparer l'arche et de les y mettre ; de faire un clocher neuf ; de vitrer toutes les fenêtres ne l'étant pas, dans le presbytère, la nef et les chapelles. Il y a dans l'église : une chapelle fondée au grand autel sous le nom de la sainte Vierge, dont sont recteur Thomas Chalveton, curé de St-Dizier, et patrons les nobles de Valserre ; une chapelle fondée en l'honneur de sainte Catherine, dont est recteur Claude Romain, curé du lieu ; une chapelle fondée en l'honneur de saint Sébastien, dont est fondateur et recteur le dit Claude Romain, et dont le service est de 2 messes par semaine ; une chapelle fondée en l'honneur de saint Michel, dont est recteur Antoine du Bois (*de Bosco*), clerc de la paroisse de la Motte. Le prélat ordonne qu'en toutes le service soit fait suivant les volontés des fondateurs, sous peine de réduction des fruits entre ses mains ; et que toutes soient munies des ornements et missels nécessaires, sous la même peine. Il ordonne, à la demande des paroissiens, que la chapelle de St-Michel soit transférée contre le mur du côté où elle est maintenant, qu'on fasse un arc dans le mur de ce côté, et que l'on fasse et place l'autel de cette chapelle sur cet arc, aux frais des paroissiens demandeurs. Ordre au curé de commencer la messe de paroisse à 8 heures en été, à 9 en hiver.

16 octobre. En l'église de St-Michel de Remuzat, Ordre de réparer, recouvrir et blanchir le presbytère, d'en réparer la vitre, et de blanchir l'église.

17 octobre. En l'église de St-Pierre de Chalançon. Ordre de réparer les vitres près du presbytère et au bout de l'église, et de faire une bannière neuve représentant saint Pierre.

17 octobre. En l'église paroissiale de Ste-Marie de Volvent. Ordre de faire une petite arche pour les reliques.

18 octobre. En l'église paroissiale de St-André de Jonchères. Ordre d'étiqueter ainsi les reliques : *Ce sont des reliques de saint André* ; de réparer le plancher, faire des degrés pour y monter, réparer le toit, et vitrer à neuf la fenêtre qui est sur le grand portail.

18 octobre. En l'église paroissiale de Ste-Marie-Madeleine de Poyols. Ordre de réparer la vitre du presbytère, et de vitrer à neuf la fenêtre du côté droit de celui-ci, celle qui est sur le grand portail, et celle qui est à droite et près de ce dernier.

19 octobre. En l'église paroissiale de Ste-Marie-Madeleine de Montlaur. Ordre d'envelopper de soie neuve et d'étiqueter les reliques ; de relier le Graduel et le missel de parchemin ; de réparer et blanchir le presbytère, de blanchir et aplanir l'église ; de faire une grille en bois à l'entrée du chœur, pour qu'on ne puisse s'introduire de l'église dans ce dernier; de carreler et aplanir le presbytère à l'instar de la nef ; de réparer les vitres aux lieux opportuns et de vitrer la fenêtre du bout de la nef.

19 octobre. En l'église paroissiale de St-Jean de Recoubeau. Ordre de vitrer la fenêtre de la nef, de mettre les fonts baptismaux à l'angle de cette nef, de réparer et couvrir le presbytère (à la charge du commandeur), et de réparer le chœur (à la charge des paroissiens) ; de faire une bannière représentant saint Jean.

19 octobre. En l'église paroissiale de Ste-Marie de Barnave. Ordre d'envelopper les reliques de soie neuve; de réparer la vitre qui est derrière le grand autel ; de peindre les images du Crucifix et de sainte Marie, de vitrer toutes les fenêtres en ayant

besoin) de mettre les fonts baptismaux et faire une petite fenêtre à l'angle gauche de la nef ; de faire une grille à l'entrée du chœur et démolir le mur; de réparer l'arc et le mur existant sur le grand portail, aux endroits où cela est nécessaire ; de clore le cimetière en bois ou en pierre. Il y a en cette église une chapelle fondée en l'honneur de sainte Catherine ; le recteur, Thomas Chalveton, curé de St-Dizier, n'y faisant aucun service les fruits sont réduits entre les mains du prélat, et leur recette est confiée à Etienne Maillefaud, vicaire de la dite église paroissiale, qui chaque mois dira deux messes, jusqu'à ce que le recteur ait fait foi de son titre et fait le service dû suivant la volonté des fondateurs.

20 octobre. En l'église paroissiale de St-Marcel de Montmaur, dont la collation appartient à l'évêque de plein droit. Ordre de faire une châsse fermant à clef pour les reliques et d'étiqueter à neuf celles-ci en spécifiant : de faire une bannière neuve représentant saint Marcel, de faire une grille à l'entrée du chœur comme il y avait anciennement ; de peindre les images de sainte Marie et de saint Marcel ; de vitrer toutes les fenêtres ; d'ôter les blés qui sont dans l'église, et du grenier faire une tribune, si les paroissiens veulent payer le bois qu'il y a au dit grenier : autrement enlever ledit grenier.

21 octobre. En l'église paroissiale de Ste-Marie de Romeyer. Ordre d'étiqueter à neuf les reliques de St-Chœur (*St-Chori*) et toutes les autres, et vitrer le vase où on les tient ; d'ôter les poutres qu'il y a dans la nef ; de réparer le presbytère, de blanchir celui-ci et l'église, et de les recouvrir aux lieux opportuns; de réparer la vitre du presbytère et d'en mettre une à la fenêtre de la nef ; de réparer le mur du cimetière croulant du côté du ruisseau. Le prieur du lieu promet de faire foi de son exemption d'ici au mercredi suivant, sauf à payer 18 gros pour droit, et pour le prieuré de Gresse... (*chiffres illisibles.*)

22 octobre. En l'église paroissiale de Ste-Catherine de Ponet. Ordre de vitrer les deux fenêtres du presbytère ; d'étiqueter à neuf les reliques et de leur faire une petite arche fermant à clef ;

de clore en bois tout le cimetière ; de blanchir l'église, et d'en aplanir les murs à l'instar du presbytère ; d'en renouveler le toit ; de faire pour les processions une bannière avec peinture de sainte Catherine et de saint Saturnin.

22 octobre. En l'église paroissiale de St-Michel de Marignac. Ordre de clore en bois le cimetière ; de mettre les fonts baptismaux à l'angle gauche de la nef ; de blanchir les murs de l'église à l'instar du presbytère, d'en murer les trous, et d'aplanir le sol de l'église de terre ; de recouvrir l'église aux lieux où c'est opportun et nécessaire. Réduction est faite de la portion de dîmes du curé jusqu'à la somme de 6 florins pour le paiement du droit de procuration et de visite, et la chose sera signifiée au receveur des dîmes du chapitre de Die qui paye la dite portion au dit curé chaque année.

22 octobre. En l'église de St-Julien de Quint. Ordre de ne pas *publier* les reliques, vu qu'on ignore de quels saints elles sont ; de faire pour les processions une bannière où soit peint saint Julien ; de mettre les fonts baptismaux à l'angle gauche de la nef ; d'agrandir et vitrer la fenêtre du presbytère ; de faire une fenêtre vitrée sur le grand portail.

23 octobre. En l'église paroissiale de St-Etienne de Thuis. Ordre de réparer le presbytère dedans et dehors, et d'en vitrer la fenêtre, d'étiqueter à neuf les reliques, et de leur faire une petite arche fermant à clef ; de réparer les piliers extérieurs de l'église qui ont besoin de réparation ; de clore le cimetière et d'en ôter les pierres ; de clore en toile cirée les fenêtres de toute l'église ; de faire pour les processions une bannière avec peinture de saint Etienne. Il est dû pour procuration de St-Etienne et de St-Andéol, 2 florins.

23 octobre. En l'église paroissiale de St-Andéol. Ordre d'étiqueter à neuf et d'envelopper de soie neuve les reliques de saint Andéol ; de se pourvoir d'un calice d'argent aux frais des paroissiens de St-Etienne et de St-Andéol ; de faire une bannière avec peinture de saint Andéol ; de clore en toile cirée la fenêtre qui est sur le grand portail et celle qui est sur et hors le presbytère, et

de réparer la vitre de celui-ci ; de transférer les fonts baptismaux à un angle de la nef ; de murer tous les trous des murs de l'église.

23 octobre. En l'église paroissiale de St-Marcel de Vachères, à la collation de l'abbé de St-Michel-d'Epercluse (*de Eperclusa*) et valant 20 écus. Ordre de faire une custode pendante sur l'autel ; de réparer le presbytère dedans et dehors, sûrement d'après les ouvriers, et de vitrer la fenêtre du presbytère, sous peine de réduction des dîmes. Appel de M. de Vachères. Ordre en outre : de faire une grille en bois avec porte en longues poutres, de sorte qu'on ne puisse s'introduire au chœur que cette porte ouverte ; de peindre l'image de saint Marcel, patron de l'église, laquelle est sur l'autel ; de faire pour les processions une bannière avec peinture de saint Marcel ; de construire une nouvelle maison d'ici à 6 ans aux frais des paroissiens pour le curé de la dite paroisse, et dans les qualité, dimension, mode et forme à ordonner par le dit seigneur de Vachères, à qui la chose a été confiée par le prélat. Les paroissiens ont payé 3 florins. Le curé doit le terme. Rien n'a été payé du droit de procuration ; mais il faut réclamer au frère du prieur à Die et lui signifier l'ordre relatif au presbytère.

23 octobre. En l'église paroissiale de St-Pierre du Cheylar. Ordre de faire une bannière neuve avec peinture de saint Pierre ; de réparer le vase des reliques, le presbytère et les vitres ; de blanchir l'église et d'en aplanir les murs ; de faire une vitre à la fenêtre de la tribune ; de repeindre l'image du crucifix ; de réparer le clocher aux lieux où c'est opportun, et de le recouvrir ; de clore le cimetière en bois ou en pierre.

24 octobre. En l'église paroissiale de Ste-Marie de Baix. Ordre d'envelopper de soie neuve et d'étiqueter à neuf les reliques ; de réparer le presbytère, de le recouvrir où c'est nécessaire, et d'en enduire le mur de mortier à l'extérieur ; de blanchir l'église au-dessous de la ceinture, et de boucher les trous des murailles ; de vitrer à neuf la fenêtre qui est sur le grand portail ; d'aplanir le sol de l'église de terre ; de faire en l'église une grille de grandes poutres droites avec porte au milieu. Il

y a une chapelle fondée en l'honneur de saint Jean-Baptiste, dont le fondateur est Pierre Charfé, du lieu de Baix, et le recteur son fils Messire Guillaume Charfé ; on doit y dire une messe par semaine. Cette chapelle manque des ornements nécessaires, comme calice, missel à l'usage de l'église de Die, chasuble, aube. Qu'on l'en pourvoie. Que le cimetière soit clos de bois ; qu'on enlève le grenier et le cellier existant dans l'église, à gauche, qu'on démolisse les murs et le plancher, et qu'on remette l'église en son entier. Le vicaire doit porter le lendemain pour procuration à Beaufort, 2 florins.

24 octobre. En l'église paroissiale de Ste-Marie-Magdeleine d'Ansage, à la collation du commandeur de Ste-Croix et valant 40 florins. Ordre d'enduire et blanchir le presbytère, et d'agrandir la fenêtre vitrée ; d'enduire et blanchir la nef ; pour le curé ou prieur de célébrer ou faire célébrer désormais la Sainte-Messe dans la dite église à chaques fêtes et dimanches, et pour le vicaire d'intimer cela au prieur avant la Toussaint et d'informer d'ici à ce terme les officiers de Die de la réponse que ferait ce prieur. Le 7 novembre suivant, Messire Guillaume Charsul autrement Bormont, vicaire d'Ansage, déclare que vénérable homme frère Philippe Apion, prieur d'Ansage, avait répondu à l'intimation, qu'il n'était pas tenu ni accoutumé de faire la chose. Le 23 octobre l'évêque prescrivit encore de faire une grille en longues poutres immédiatement hors du presbytère, et de clore le cimetière en bois ; et M. de Mayres paya 8 florins.

24 octobre. En l'église paroissiale de St-Jean-Baptiste d'Omblèze, à la collation du commandeur de Piégros, et valant 80 florins. Ordre de clore le cimetière en bois, en laissant le chemin public avec trappes aux entrées.

25 octobre. En l'église paroissiale de St Robert du Chaffal (de dy Chaffaudo), valant 50 florins, annexée au prieuré de Beaumont. Ordre de recouvrir et réparer le presbytère où c'est nécessaire, dedans et dehors, et d'en vitrer la fenêtre à neuf ; pour le prieur-curé de cette église d'y célébrer ou faire célébrer désormais la Messe tous les dimanches et fêtes, et pour le vicaire

de lui intimer la chose et d'informer de sa réponse les officiers de Die avant la Toussaint. Le 7 novembre suivant, Guillaume Charsul autrement Bormont, vicaire du Chaffal, déclarait que, ayant intimé la chose à honnête homme Aymar Giraud, fermier du prieuré du Chaffal, et celui-ci ayant demandé copie de l'intimation, au nom du Révérend Père en Christ et seigneur Aymar de Clermont, prieur du dit prieuré, copie avait été donnée. Le 25 octobre, le prélat ordonne de plus de faire au milieu de l'église, avec de longues poutres dressées, une grille avec porte au milieu ; de mettre sur celle-ci le grand crucifix qu'il y a dans l'église, après l'avoir repeint ; de nettoyer le cimetière, d'en ôter les pierres, et de le clore en bois ou en pierre, d'agrandir la fenêtre qui est sur le grand portail et d'en faire une neuve, grande, au nouveau mur de la nef, du côté droit ; d'achever le clocher.

25 octobre. En l'église paroissiale de St-Pierre de Gigors. Ordre d'étiqueter à neuf les reliques ; de réparer la grande vitre du presbytère et d'en mettre une neuve à celui-ci, du côté droit ; de clore le cimetière en bois avec trappes aux entrées ; de vitrer toutes les fenêtres tant rondes que longues de l'église, du presbytère et des chapelles ; de faire une grille en bois au portail de ce presbytère ; de construire une tribune ; d'achever le clocher d'ici à 4 ans.

25 octobre. En l'église paroissiale de St-Barthélemy de Beaufort, à la collation du prélat. Ordre de fermer à clef l'arche des reliques, et de vitrer toutes les fenêtres de l'église.

26 octobre. En l'église paroissiale de St-Romain de Suze, à la collation du commandeur de Piégros. Ordre de réparer les planches du sol près de l'autel, de sorte quelles se joignent ; de recarreler le presbytère aux endroits où c'est nécessaire ; de réparer la tribune ; de blanchir l'église.

26 octobre. En l'église paroissiale de St-Pierre de Cobonne. Ordre d'étiqueter à neuf les reliques sous le nom de saint Blaise ; de réparer la vitre du presbytère ; de boucher deux trous dans le mur de la chapelle de Notre-Dame, et tous les autres existant dans les autres murs ; de réparer le plancher existant sous le clochez ; d'enduire les murs de l'église à l'instar du mur de la chapelle de sainte Catherine. Il y a une chapelle fondée en l'honneur de la sainte Vierge, dont M. de Montoison est fondateur, et le curé de l'église recteur, et où se célèbre une messe chaque semaine. Il y en a une autre fondée en l'honneur de sainte Catherine, dont noble Ponson Arnaud est patron à cause de sa femme, et le curé de l'église recteur, et où se célèbre également une messe chaque semaine. Le prélat recommande de faire le service de ces chapelles selon la volonté des fondateurs.

26 octobre. En l'église paroissiale de St-Jean de Chosséon. Ordre de faire au milieu de l'église une grille en bois de longues poutres, avec porte au milieu et crucifix neuf au-dessus ; de peindre S. Jean sur la bannière des processions ; d'achever de clore le cimetière ; de réparer la voûte existant près du grand portail, ou d'y faire un plancher neuf à la place de celui qu'il y a.

26 octobre. En l'église paroissiale de St-Marcel de Montclar, à la collation de l'archidiacre de Valence, qui est prieur. Ordre de renouveler la grande étiquette de toutes les reliques et de réparer la serrure de leur arche ; de vitrer la fenêtre existant sur le grand portail. Il y a en la tribune de l'église une chapelle de sainte Catherine, ayant un patron collateur et un recteur noble.

27 octobre. En l'église paroissiale de St-Jacques de Vaugelas. Ordre de réparer la vitre du presbytère et d'en agrandir la fenêtre ; de faire pour les processions une bannière ayant d'un côté la sainte Vierge, de l'autre saint Jacques ; de vitrer toutes les fenêtres de l'église, de blanchir celle-ci et le presbytère ; de réparer le clocher aux endroits où c'est opportun et nécessaire ; de faire des trappes aux entrées du cimetière, et d'achever de clore celui-ci.

27 octobre. En l'église paroissiale de St-Marcel du lieu de Mirabel, à la collation du prélat de plein droit. Ordre d'étiqueter à neuf les reliques sous le nom de saint Blaise, et de clore le cimetière en bois.

27 octobre. En l'église paroissiale de St-André de Piégros. Ordre de réparer la vitre qui est près et hors du presbytère ; de

réparer le presbytère décemment, de manière qu'il ne menace pas ruine ; de clore le cimetière en bois ; d'agrandir et vitrer la fenêtre qui est en la nef ; de faire une porte en bois au portail conduisant au clocher, et qui soit fermée ; de blanchir les murs du côté gauche et au bout de l'église.

28 octobre. En l'église paroissiale de St-Jean d'Aubenasson, à la collation du prieur de Saillans et valant 30 florins. Ordre de faire une porte neuve au portail de l'église ; de couvrir le clocher ; de faire une custode ; pour les paroissiens de faire une maison avec étable pour le prieur-curé, afin que celui-ci fasse le service divin en l'église, y célèbre ou fasse célébrer la Messe tous les dimanches et fêtes, et y administre les sacrements aux paroissiens. Ceux-ci consentent. Le prieur dit ne pouvoir vivre des fruits de la cure, en faisant le service. Les paroissiens proposent un arrangement.

28 octobre. En l'église paroissiale de St-Sauveur. Ordre de faire une custode pendant sur l'autel ; de reconstruire l'église au lieu où elle était anciennement jusqu'au second pilier, d'ici à 3 ans, aux dépens de qui il appartient.

28 octobre. En l'église paroissiale de Ste-Anne d'Espenel, dont le prieuré, dépendant de l'abbaye de....., vaut 100 écus, et la cure, à la collation du prieur, 34 florins. Ordre d'envelopper les reliques dans de la soie neuve, de les étiqueter à neuf, et d'en réparer ou renouveler l'arche ; de réparer la vitre du presbytère.

29 octobre. En l'église paroissiale de Véronne, dépendant de St-Antoine. Ordre de mettre une serrure à l'arche des reliques ; de placer les fonts baptismaux à gauche en entrant ; d'enduire et blanchir les murs de l'église et d'en boucher les trous en dedans ; de faire sur le portail de l'église une fenêtre vitrée ; de faire un toit devant le grand portail pour baptiser les enfants.

29 octobre. En l'église paroissiale de Ste-Marie de Barsac. Ordre de réparer la vitre existant derrière l'autel ; de vitrer la fenêtre du côté gauche du presbytère et celle qui est sur le grand portail ; de clore le cimetière en bois ou en pierre.

3 novembre. En l'église paroissiale de S.... de la Bâtie-des-Fonts. Ordre de relier le vieux missel de parchemin et de le réparer où c'est nécessaire ; de vitrer à neuf, réparer et blanchir les fenêtres du presbytère ; d'aplanir et blanchir les murs de l'église et du presbytère ; de clore le cimetière. Il y a en cette paroisse, au lieu dit *de Chamel*, une chapelle fondée en l'honneur de saint Michel, dont est patron Monsieur de Chamel, et recteur Messire Pierre Ozias, prêtre de Valserre. Celui-ci n'y faisant aucun service, les fruits de la chapelle sont réduits entre les mains du prélat, à moins qu'Ozias ne se mette à la desservir selon la volonté des fondateurs.

3 novembre. En l'église paroissiale de Ste-Marie des Prés, du mandement de Valdrôme. Ordre de vitrer les fenêtres du presbytère et de l'église.

3 novembre. En l'église paroissiale de St-Saturnin de Valdrôme. Ordre de vitrer les fenêtres de toute l'église, et provisoirement de les garnir de toile cirée ; d'étiqueter à neuf, envelopper de soie et mettre dans l'arche les reliques connues ; d'étiqueter en général, envelopper de soie et aussi mettre dans l'arche celles qui ne sont pas connues.

5 novembre. En l'église baptismale de Ste-Catherine d'Aurel. Ordre d'étiqueter à neuf sur parchemin les reliques de saint Blaise. Permission aux paroissiens d'augmenter et accroître cette église du côté qu'ils voudront. Ordre de carreler d'ici à un an l'église paroissiale de St-Pierre du dit Aurel ; d'en vitrer la fenêtre du presbytère, et de garnir les autres fenêtres de toile cirée ; de clore le cimetière. Le prieur doit pour droit 4 florins, pour lesquels il est cité à St-Benoît.

6 novembre. En l'église paroissiale de St-Benoit du Désert, à la collation de l'évêque et valant 28 florins. Ordre de nettoyer l'arche des reliques, de la fermer à clef, et d'étiqueter à neuf la relique de saint Benoît ; de murer une partie de la fenêtre qui est derrière l'autel, et de vitrer le reste, ainsi que l'autre fenêtre du presbytère à droite ; de murer les trous de l'église et du presbytère ; de peindre saint Benoît sur la bannière des processions ; de recouvrir le presbytère et le réparer où il faut.

6 novembre. En l'église paroissiale de St-Nazaire et St-Celse en Désert. Ordre de réparer la verrière du presbytère ; de repeindre le crucifix et le mettre au milieu de la grille de l'église ; de faire une bannière ayant la sainte Vierge d'un côté et les saints Nazaire et Celse de l'autre ; d'avoir de petites clochettes pour sonner à l'élévation du Corps du Christ. L'évêque fait remise de son droit au prieur, en considération du seigneur de Paris.

6 novembre. En l'église paroissiale de St-Clément de Savel, visitée par vénérable et égrège homme maître Jean, commis à ce par le prélat. Ordre de mettre des vitrines à la fenêtre du presbytère et à celle de la nef.

7 novembre. En l'église paroissiale de St-Jacques d'Aucelon, à la collation de messieurs du chapitre, et de peu de valeur. Ordre de réparer le presbytère aux lieux où il en est besoin, et sa vitre ; d'agrandir l'église du côté de la nef, d'y faire une grille, et de placer les fonts baptismaux dans un angle.

8 novembre. En l'église paroissiale de St-Pierre de Gumiane. Ordre de réparer et tenir couvert le presbytère ; de réédifier et couvrir l'église, puis y mettre la custode du Corps du Seigneur. Le curé de Gumiane (qui est celui de Villeperdrix), y doit célébrer tous les dimanches et fêtes.

8 novembre. En l'église paroissiale de St-Martin de Guisans, à la collation de l'évêque de plein droit. Ordre de compléter et réparer cette église en la nef comme elle était anciennement, de démolir le mur qui est entre le presbytère et la nef, et de le remplacer par une grille en bois ; de réparer la vitre du presbytère et de clore le cimetière. Le prélat remet son droit au curé en considération du seigneur de Paris, parce qu'il est son frère.

8 novembre. En l'église paroissiale de Ste-Catherine de Crupies, à la collation de l'évêque et valant 30 florins. Ordre d'étiqueter à neuf les reliques du bras de saint Jean ; de transposer la grille près du premier arc en bois, du côté de l'autel ; de faire un autre autel portatif plus grand. Au rapport de vénérable Messire Christophe de Saillans, prévôt de l'église de Valence, Messire Mathieu de Geys, curé de la dite église, a 20 florins de dépouille de son pré-

décesseur, que le vicaire de celui-ci a livré audit Mathieu, et dont le prélat peut faire ce qu'il voudra.

8 novembre. En l'église paroissiale de St-Savin de Bourdeaux. Ordre d'enfermer les reliques jusqu'à ce qu'on sache de quel saint elles sont ; de relier le missel de parchemin ; de peindre le haut panneau du devant du grand autel ; de clore le cimetière ; de vitrer la fenêtre qui est sur le grand portail.

9 novembre. En l'église paroissiale de Ste-Catherine de la Chaudière, à l'abbé de Valcroissant. Ordre de mettre une vitre au presbytère, et à la fenêtre qui est sur le grand portail ; de réparer le plus tôt possible la nef de l'église aux endroits en ayant besoin.

9 novembre. En l'église baptismale de Ste-Marie Vierge de Besaudun, à la collation de l'évêque, valant 80 florins et tenue par Messire Jean de Poitiers, prêtre de Valence. Ordre d'étiqueter à neuf les reliques de saint Blaise ; de vitrer la fenêtre qui est sur le grand portail ; d'aplanir le sol de l'église de terre ; de maintenir couverte l'église paroissiale de St-Michel.

10 novembre. En l'église paroissiale de St-Marcel de Truinas, prieuré à la collation de l'abbé de Cruas et valant 80 florins. Ordre de réparer les trappes du cimetière ; de vitrer la fenêtre qui est sur le grand portail ; de faire près de ce dernier une grille de longues poutres ; d'avoir pour les processions une bannière neuve représentant saint Marcel ; de faire encore une cloche, plus grosse que l'actuelle.

10 novembre. En l'église *cimetiérale* de Notre-Dame de Poët-Célard. Ordre de faire une vitrine neuve au presbytère ; de réparer les trappes du cimetière et d'ôter les herbes de celui-ci.

10 novembre. En l'église paroissiale de Ste-Foi du lieu de Poët-Célard, à la collation du prieur de St-Marcel et valant 80 florins. Ordre de relier le missel de parchemin ; de faire une arche neuve fermant à clef pour les reliques ; de mettre les fonts baptismaux à l'angle de l'église ; d'aplanir le sol de celle-ci de terre.

10 novembre. En l'église paroissiale de St-Martin de Mornans, unie au prieuré de Bourdeaux. Ordre de faire des fonts baptismaux à un angle de l'église, des vitrines aux fenêtres du pres-

bytère et de la nef, et une cloche de plus ; d'achever la maison curiale commencée et la cloison du cimetière ; de faire une bannière représentant saint Martin.

10 novembre. En l'église paroissiale de St-Pierre de Francillon, dont le prieuré est uni à celui de Rompon et la cure à la collation du prieur de Rompon. Ordre de vitrer les fenêtres du presbytère et de toute l'église ; de blanchir le presbytère et la nef, et de réparer celle-ci aux endroits mauvais ; de clore le cimetière.

X° Novemb. in eccle. par⁽ˡⁱ⁾ b⁽ᵗᵉ⁾ Marie Saonis. Primo lumen etc. Fiat copertorium novum de serico super custod. corporis Dñi hinc ad festum Nativitatis Dñi. Fiat missale novum ad usum ecclesie dyens. hinc ad fest. Pascat. proxim.. Fiat unus liber baptisterii novus hinc ad diem Mercurii current.. Murentur foramina totius ecclesie et dealbetur ipsa ecclesia hinc ad annum proxim. Muniatur ipsa ecclesia calice argenteo, corporalibus mundis et aliis ornamentis necessariis in una ecclesia parro⁽ˡⁱ⁾ hinc ad annum proxim.

VALENT(INENS. DIOCES).

XI° novembris In abbatia Saonis, valent. dioc., anno Dñi mille° quingent° nono. Primo religentur Responsoralia dicte ecclesie et reparentur in locis caducis, et fiat unum aliud novum. Reparentur septem calices fracti et demoliti in locis indigentibus reparatione. Fiant duo psalteria nova pro servicio dicte ecclesie faciendo, quia non sunt. Vas eboreum in quo tenetur etc. Fiat circulus cupreus novus munitus cathenis ad tenendum ipsum corpus Dñi. Fiat cathena loco corde ad tenend. dict. custodiam, levandam et descendendam illam, que claudatur clave retro altare majus. Fiat copertorium novum de serico sup. dicta custodia Dñi. Fiant vitrie in omnibus fenestris totius sacristie.

In nomine etc. Universis etc. Quod anno et die predictis in nostris notarii publici et test. infrascriptorum presentia. Cum R. in Xpo pater et dñs dñs Gaspardus de Turnone, episcopus et comes valen. et dyen. princepsque Subdionis, intrasset capitulum

abbatie Saonis causa visitationis fiende, et ibidem omnes religiosos
convenire capitulariter fecisset, officium procurationis visitationis ut de jure tenetur exercendo, et facto sermone et oratione
ad Religiosos monitisque illis de more Religiosorum vivendo;
Coram eodem Reverendo domino comparuit venerabilis et Reli-
giosus vir frater Joannes Bruni, camerarius dicte abbatie et viccarius generalis R. Dñi Aymarii de Claromonte, abbatis dicte
abbatie Saonis, verbo exponens, proponens et dicens quod hes-
terna die ipse R. D. Aymarius, abbas predictus, de dicta abbatia
recedens, precepit sibi quathenus, si ipse R. Dñs episcopus in
dictam suam abbatiam causa visitationis fiende accederet, quod
sibi diceret non debere visitare, et quod abbas et religiosi pre-
dicti a dicta sua visitatione erant exempti. Qui quidem frater
Joh*** Bruni predictus predicta verba protulit protestando quod,
quicquid ipse Dñs noster episcopus faceret, intendit illa esse in
prejudicium ejusdem dñi abbatis et abbatie; quam quidem pro-
testationem quantum de jure ipse R. D. meus amisit *(leg.* admi-
sit*)*, et quod sibi plenum jus visitandi et officium procurationis
et visitationis exercendi in ead. abbatia tamquam vero diocesano.
Et nichilominus hiis premissis non obstantibus, processit ad visi-
tationem modo et forma sequent. precipientes omnibus quos decet
sequent. statuta adimplere quorum tenor sequitur : *Primo etc.*

De quibuscunque protestatione et aliis sup. narratis ipse dñs
Joh*** Bruni viccarius predictus peciit sibi fieri unum instrumen-
tum, quod ei libentissime concessi. Acta fuerunt hec in ecclesia
abbatiali dicti Saonis, presentibus ibid. dño Cristofero de Salhiente
preposito Valent., dño Petro Mouton officiali Dye, dño Johanne
Anthon. de Ramenna sacre pagine professore et preceptore Gra-
tianopolitano, testibus ad premissa vocatis et rogatis.

Et quia R. Dñs noster episcopus et comes predictus duos pastus
cum sua comitiva in dicto loco Saonis visitando tam ecclesiam
abba[lem] quam parro[lem] dicti loci sumpsit, ideo fuit coram venera-
bili et discreto viro dño Cristofforo de Salhiente, preposito Valent.
ecclesie et vicario generali ipsius R. Dñi, parte curati parrochia-
norum, querelatum qui tales solverent pastus. Qui, viso quod

dictis R. dñs episcopus predictus tam bene ecclesiam auba^{lem} quam parro^{lem} visitaverat, ideo videbatur eis quod nisi partem dictar. expensarum illis visis minime solvere deberent. Super quo per ipsum dñm de Salhiente fuit dictum, et ordinatum quod ipse R. dñs abbas integraliter, quia sua abbatiali ecclesia visitata, unum solveret pastum, et curatus et parochiani dicti loci alium pastum solverent. Quod quidem fecerunt, et, de illa ordinatione contenti, petierunt michi dictam ordinationem sibi expediri et dari, et in libro visitat^{nis} de ead. ordinaõne mention. foret ; quod his concessi die et anno predictis.

11 novembre. En l'église paroissiale de St-Marcel de Soyans, dont le prieuré est uni à celui de Charais, et la cure à sa présentation. Ordre de réparer le presbytère dedans et dehors ; de faire pour les processions une bannière neuve représentant saint Marcel ; de vitrer la fenêtre de la nef, et réparer la vitre de la chapelle Ste-Catherine.

11 novembre. En l'église paroissiale de Ste-Marie du Pont de Barret. Ordre de réparer et peindre la grande arche des reliques et la petite, de sorte qu'elles ferment bien, et d'étiqueter à neuf toutes ces reliques ; de recouvrir le livre des proses, celui des répons, le missel à l'usage de l'abbaye de St-Chaffre, et de leur mettre des fermoirs, ainsi qu'au missel à l'usage de l'église de Die et au livre des baptêmes ; de vitrer toutes les fenêtres du presbytère et de la nef, et de réparer celles qui en ont besoin ; d'enlever les poutres qu'il y a dans la nef de l'église, ou de faire sur elles une tribune ; de dire les vêpres tous les dimanches et fêtes solennelles.

12 novembre. En l'église *cimetiérale* de Ste-Marie, située hors le lieu de Rochebaudin. Ordre d'en vitrer les fenêtres, de la maintenir couverte, de clore et maintenir clos le cimetière.

12 novembre. En l'église paroissiale de Ste-Marie de Rochebaudin. Ordre de réparer le missel de parchemin aux endroits caducs et à la couverture ; de blanchir l'église ; de mettre le grand autel près du mur vers le vent, et d'y faire le presbytère et mettre la custode du Seigneur ; de faire une chasse neuve peinte pour

les reliques ; d'envelopper celles-ci de soie neuve, et de les étiqueter sous le nom de saint Blaise.

12 novembre. En l'église paroissiale de St-Marcellin de Félines. Ordre de vitrer les fenêtres du presbytère et de la nef ; de faire une bannière neuve représentant saint Marcellin ; de construire d'ici à deux ans une maison pour le curé.

12 novembre. En l'église paroissiale de Ste-Marie de Dieulefit. Ordre d'étiqueter à neuf les reliques, et de faire une arche neuve pour les tenir ; de vitrer la fenêtre qui est sur le grand portail ; de faire des fonts baptismaux et de les placer dans un angle. On n'exige pas de droit du commandeur, parce qu'il est absent et ami.

13 novembre. En l'église paroissiale de St-Paul de Comps. Permission aux paroissiens d'augmenter leur église autant qu'ils voudront. Ordre de faire faire une fenêtre vitrée sur le grand portail, et de réparer celui-ci, le plus tôt possible.

13 novembre. En l'église paroissiale de St-Etienne de Montjoux, à la collation de l'évêque. Ordre d'étiqueter à neuf et d'envelopper de soie neuve les reliques ; de clore le cimetière ; de démurer la fenêtre existant derrière le grand autel, et de la vitrer, ainsi que toutes celles de l'église ; de faire une grille de longues poutres près du premier pilier, du côté de l'autel.

13 novembre. En l'église paroissiale de St-Pierre de Teyssières, dont la cure, à la collation de l'évêque, vaut 28 écus. Ordre de clore le cimetière en bois ; de mettre la cloche neuve au cloch.. ; de faire d'ici à trois ans pour le curé une maison pour laquelle les paroissiens porteront les planches, poutres et bois nécessaires.

14 novembre. En l'église paroissiale de St-Pierre de Vesc, dont le prieuré, dépendant de l'abbaye de Cruas, vaut 200 livres. Ordre de faire pour les processions une bannière représentant saint Pierre ; de réparer le mur soutenant .... de l'église, et de boucher les trous des murs de toute celle-ci.

15 novembre. En l'église paroissiale de Ste-Agathe de Chaudebonne, à la collation de l'évêque et valant 15 florins. Ordre de réparer la vitre du presbytère ; de faire pour les processions une bannière représentant sainte Agathe ; de clore le cimetière en bois.

15 novembre. En l'église paroissiale de St-Pierre de Villeperdrix. Ordre de vitrer la fenêtre du presbytère, avec celle qui est tout près mais hors de celui-ci, et toutes celles de l'église, tant du presbytère que de la nef; de carreler ou planchéier le sol de l'église.

16 novembre. En l'église paroissiale de St-Ferréol. Ordre de fermer les reliques sous le grand autel, parce qu'on ne sait de quel saint elles sont ; de clore le cimetière ; d'achever le plancher de l'église comme il est commencé ; de faire un petit toit devant le grand portail, pour baptiser les enfants.

16 novembre. En l'église paroissiale de St-Pierre de Condorcet. Ordre de vitrer la fenêtre du presbytère derrière l'autel ; d'étiqueter à neuf les reliques ; de vitrer la fenêtre qui est sur le grand portail ; de faire un appui en bois en haut de la tribune, pour que les enfants n'en puissent tomber dans l'église.

17 novembre. En l'église paroissiale de St-André d'Aubres, à la collation de St-Ruf. Ordre de faire une petite porte en bois au cimetière.

17 novembre. En l'église paroissiale de Ste-Marie-Magdeleine du lieu de Rousset. Ordre de veiller à ce que la lampe du St-Sacrement brûle constamment ; de faire un autre vase en cuivre, doré en dedans, pour tenir le Corps du Seigneur ; de faire un couvert de soie à la custode de ce Corps ; de nettoyer et réparer le vase dans lequel on porte ce dernier au jour de sa fête ; de mettre, pour lever et descendre la custode du Corps du Seigneur, une chaîne qui ferme à clef derrière l'autel, au lieu de la corde ; de faire deux corporaux de plus, un graduel et un responsorial à l'usage de l'église de Die pour les jours solennels, une croix neuve pour porter aux processions, un cercle neuf muni de chaînes pour y mettre la susdite custode, et une piscine neuve en pierre et haute près des fonts baptismaux, lesquels seront pourvus d'un couvercle ; de vitrer toutes les nêtres.

17 novembre. En l'église paroissiale de St-Mayeul près et hors le lieu de Rousset. Ordre d'en clore les fenêtres en toile cirée, d'en aplanir le sol de terre, d'en réparer les murs, et de la main-

tenir couverte ; pour le curé d'avoir désormais un clerc pour le servir pendant le divin office. Au cas où les paroissiens ne rempliraient pas les ordres ci-dessus, l'évêque charge le prieur de Rousset de leur punition.

18 novembre. En l'église paroissiale de St-Marcel du Pègue, dont le prieuré et la cure sont à la collation de l'abbé de Saou. Ordre de mettre une chaine à la place de la corde pour lever et descendre le Corps du Seigneur, et de la fermer à clef derrière l'autel ; de mettre une custode en cuivre, dorée en dedans, sur le cercle en cuivre muni de chaines ; de faire un bassin plus grand en pierre ou en cuivre, pour mettre l'eau baptismale ; de vitrer toutes les fenêtres ; de clore le cimetière en bois ou en pierre.

18 novembre. En l'église baptismale de St-Michel de Montbrison. Ordre de réparer le verre du vase des reliques et d'étiqueter à neuf les reliques de saint Blaise ; de faire un corporal de plus, un vase vitré pour la procession du Corps du Christ, un vase en cuivre pour les infirmes, trois nappes pour le maître-autel, etc. ; de murer la fenêtre qui est derrière l'autel ; de munir les fonts baptismaux d'un bassin d'étain plus grand, ou d'étamer celui qu'il y a ; de faire près de ces fonts une haute piscine en pierre.

18 novembre. En l'église paroissiale de St-Pierre d'Alanson. Ordre de faire une petite porte peinte à l'arche des reliques et d'étiqueter celles-ci à neuf ; d'étamer l'intérieur du bassin des fonts baptismaux.

18 novembre. En l'église paroissiale de Notre-Dame de Bécone. Ordre de faire un responsorial neuf, une bannière neuve pour les processions, un psautier neuf, une chasuble neuve avec ses accessoires ; de mettre des étoupes propres, au lieu de papier, dans le vase du St-Chrême, de renouveler et réparer le toit de l'église, de sorte que la pluie ne dégrade pas la voûte ; de munir d'un couvercle en fer et d'étamer à l'intérieur le bassin des fonts baptismaux. Cette église contenait la sainte Réserve.

18 novembre. En l'église paroissiale (sic) du dit lieu, visitée par le commandeur de Grenoble, à ce commis. Ordre d'en

réparer les murs, mauvais au pied ; de recouvrir l'église et le presbytère ; de faire une verrière à la fenêtre de celui-ci, et et une porte au portail de l'église ; d'aplanir le sol de celle-ci de terre, de clore et maintenir clos le cimetière.

19 novembre. En l'église de St-Michel du Poët-Laval. Ordre de vitrer toutes les fenêtres de l'église et aux chapelles ; de faire une custode en cuivre, un vase vitré, des fermoirs au graduel, etc. Il y a une chapellenie fondée en l'honneur de Ste-Marie-Madeleine, dont Antoine Martin est fondateur, et frère Gabriel Portier, de l'ordre de St-Jean-de-Jérusalem, recteur. Elle a terres et maison (*predia et domus*), et il faut dire une messe le vendredi de chaque semaine. L'évêque prescrit de plus d'achever de clore le cimetière, et remet son droit au commandeur, qui est ami.

19 novembre. En l'église paroissiale de St-Jean-de-Charols, à la collation du prieuré du Pont-de-Barret. Ordre de vitrer la fenêtre du presbytère, et clore les autres de l'église en toile cirée ; de recouvrir le toit du presbytère et de l'église en tuiles ; de faire le service selon la volonté des fondateurs en une chapelle fondée en cette église par les seigneurs de Brette (*per dominos de Breta*), sous peine de réduction de ses fruits.

20 novembre. En l'église paroissiale de St-Pierre de Châteauneuf-de-Mazenc. Ordre de réparer les vitres du presbytère ; de clore le cimetière. Défense aux paroissiens d'avoir à obéir aux ordres du commandeur de la dite église en ce qui regarde les réparations de l'église.

20 novembre. En l'église paroissiale de Ste-Marie-Madeleine de Sales, dont le prieuré dépend de l'abbaye de Tournus en Bourgogne. Ordre de relier le missel neuf de parchemin ; de faire une chasse peinte pour les reliques ; de vitrer la fenêtre qui est sur le grand portail ; de carreler la chapelle de St-André. Il y a au maître-autel une chapellenie sous le vocable de Ste-Marie-Magdelaine, dont est recteur un Galix d'Auriac, et où on ne fait pas le service de 2 messes par semaine prescrit dans une visite précédente. Fondée par honnête femme *Rissende* Robert, elle a 4 prés.

Il y a une autre chapellenie fondée à ce maître-autel, et il doit y être dit une messe matinale tous les dimanches. Elle est à la présentation des syndics du lieu, et a des maisons, vigne, terre et bois. Le service dû y est fait. L'évêque ordonne de faire le service divin en ces chapelles selon la volonté des fondateurs, sous peine de privation de celles-ci ; et permet aux paroissiens de faire démolir le mur existant près du grand portail de la dite église, à droite en entrant, et d'y faire élever un autel.

20 novembre. En l'église paroissiale de St-Vincent de Tauligan. Ordre de se procurer un missel neuf à l'usage de l'église de Die ; au curé ou à son vicaire, de dire désormais la messe paroissiale à l'usage de Die à 8 heures en hiver et à 7 en été, l'autre messe des religieux dudit lieu étant dite à l'heure accoutumée ; de réparer toutes les vitres de l'église, tant du presbytère que de la nef et des chapelles, et d'en mettre aux fenêtres qui n'en ont pas. Il y a une chapelle de St-Blaise fondée, dont est patron noble Claude Gerente, et recteur Messire Dalmas de St-Ferréol, sacriste du dit lieu ; elle est bien pourvue d'ornements, et il y a une messe chaque semaine. Au maître-autel de cette église est fondée la chapelle de St-Vincent, dont est patron Claude Chambaud, du lieu de Valréas, et recteur noble Jean Gerente, du dit lieu ; on doit dire une messe par semaine. Il y a une chapelle de Ste-Catherine fondée par le seigneur dudit lieu, et dont est recteur Messire Jean Conflaud, que l'évêque a institué en cette chapelle le même jour audit lieu. L'évêque ordonne de faire le service divin en ces chapelles selon la volonté des fondateurs, sous peine de privation de celles-ci.

21 novembre. En l'église paroissiale du lieu de Grignan. Ordre de réparer le livre des baptêmes aux endroits caducs ; de faire une piscine haute en pierre près des fonts baptismaux, un couvert neuf de soie à la custode, un vase en cuivre pour porter le Corps du Christ aux infirmes, un vase vitré pour porter ce Corps au jour de sa fête, trois linges de lin à chacun des calices pour les envelopper, une chaîne en fer pour monter et descendre la custode du corps du Seigneur, laquelle on fermera à clef derrière l'autel.

Ordre aussi de maintenir le couvert de l'église St-Vincent, que l'évêque visite et qui est qualifiée de *paroissiale*; d'en réparer le presbytère, et ce d'ici à l'année prochaine et sous peine de réduction des dîmes dudit lieu; de clore le cimetière en pierre ou en bois d'ici à la fête de Pâques prochaine.

22 novembre. En la cour du château de Donzère, Messire Pierre de Nogier, prêtre, a résigné purement et simplement entre les mains de R. P. et seigneur en Christ le seigneur Gaspard de Tournon, évêque et comte de Valence et de Die, comme patron pour le seigneur de Tournon son frère, la chapellenie qu'il avait, et qui est fondée en l'église paroissiale de Sabilherac, mandement de Mahum, en l'honneur de   ; présents nobles et discrets homme Alexandre de Mayres, Jean Salhen., et d'autres.

22 novembre. En l'église collégiale et paroissiale de Ste-Croix de Montélimar. Ordre de réparer toutes les vitres de l'église, tant de la nef que des chapelles ; de munir chaque autel des chapelles fondées, des missels et ornements nécessaires. Le lendemain, 23, l'évêque a confirmé, dans la dite église, pendant tout le jour, ceux qui se sont approchés, et donné la première tonsure à ceux qui y ont été aptes.

24 novembre. En l'église paroissiale de St-Blaise de Montboucher, diocèse de Valence. Ordre d'étiqueter à neuf les reliques; de réparer le couvert de l'église où est le cimetière ; de garnir de toile cirée les fenêtres de l'église qu'il y a hors de la ville (*oppidum*) ; de transférer les fonts baptismaux au pied de l'église, à un angle mieux éclairé ; de faire une grille qui close le maître-autel.

24 novembre. En l'église baptismale et paroissiale de Ste-Madeleine de la Bâtie-Rolland. Ordre d'étiqueter à neuf les reliques; de faire une grille en bois pour clore le presbytère ; de vitrer les fenêtres de la nef ; de réparer le toit de l'église et la voûte de la nef, ou remplacer celle-ci par un plancher neuf, et de blanchir les murs.

24 novembre. En l'église paroissiale de St-Gervais, dont le prieuré est à la collation de l'abbé de Cruas. Ordre de réparer

et relier le graduel de parchemin ; de mettre deux vitres aux fenêtres du presbytère ; de réparer la cloche et la remettre au clocher ; de clore le cimetière en bois ou en pierre, et d'en arracher les buissons ; de renfermer les reliques sous le grand autel de l'église située dans le village (*villa*) de St-Gervais, parce qu'on ne sait de quel saint elles sont, et de vitrer la fenêtre située sur le grand portail de cette église.

25 novembre. En l'église paroissiale de St-Sauveur de Cléon-d'Andran, dont le prieuré est à la collation de Saou. Ordre de réparer la vitre du presbytère, et de vitrer toutes les fenêtres de l'église ; de réparer les murs de la chapelle de Ste-Magdelaine, et de clore ou murer les trous existant dans les dits murs ; d'aplanir les murs de l'église, de les réparer en dedans et en dehors, et de boucher les trous qu'il y a.

25 novembre. En l'église paroissiale de Ste-Marie-Madeleine de Manas. Ordre d'étiqueter les reliques à neuf, et de fermer leur arche à clef ; de réparer la vitre du presbytère et de vitrer la fenêtre existant sur le grand portail, et les autres non vitrées ; de relier le graduel de parchemin ; de réparer et consolider le seuil du maître-autel qui est en planches ; de munir de calices, ornements et missels à l'usage de Valence, les chapelles de Notre-Dame-de-Pitié (*Pietatis*) et de Ste-Catherine, fondées.

25 novembre. En l'église paroissiale du Puy-St-Martin. Ordre d'étiqueter les reliques à neuf ; de réparer le presbytère où il y en a besoin ; de vitrer toutes les fenêtres de l'église qui ne le sont pas.

26 novembre. En l'église paroissiale de St-Michel de la Laupie, dont le prieuré, dépendant de l'abbaye de Cruas vaut 300 florins. Ordre de relier le petit missel de parchemin ; d'étiqueter toutes les reliques à neuf, de les envelopper d'étoffe de lin propre, et d'approprier leur grande arche ; de transférer les fonts baptismaux en un angle de la nef et d'y faire une petite fenêtre vitrée ; de recouvrir le presbytère ; d'aplanir le sol de l'Eglise de terre ; de clore et de maintenir clos le cimetière.

26 novembre. En l'église paroissiale de St-Lambert de Sauzet. Ordre d'étiqueter les reliques à neuf ; de réparer la vitre du presbytère et le missel en parchemin ; de blanchir le presbytère et l'église.

27 octobre. En l'église paroissiale de Ste-Marie de Savasse. Cluny. Ordre d'étiqueter à neuf les reliques, et de leur faire une petite arche peinte fermant à clef ; de relier le responsorial en parchemin ; de blanchir l'église et murer tous les trous des murs. Il y a dans cette église une chapelle fondée en l'honneur de Ste-Catherine, dont sont patrons nobles Hugues de Monts et Claude de Marsane, et recteur Messire Etienne Céas. Il y a une messe le jeudi de chaque semaine. Elle a 2 vignes, une terre et 2 prés. Pas d'ornements pour son service, ni de missel à l'usage de Valence. Ordre d'acheter un missel et les ornements nécessaires, sous peine de réduction des fruits.

27 novembre. En l'église paroissiale de St-Pierre de Condillac, à la collation de l'évêque de plein droit. Ordre de clore et maintenir clos le cimetière, de le nettoyer, et d'en ôter les pierres ; de faire un clocher de telle sorte que les cloches puissent être bien sonnées ; de blanchir l'église à l'instar du presbytère.

. . . .

Cetera desiderantur

L'abbé FILLET.